Маттиас Фидлер

Жылжымайтын мүліктің инновациялық іріктемесі жөніндегі идея: жылжымайтын мүлік делдалдығы жеңілдетілді

Жылжымайтын мүлік іріктемесі: Инновациялық жылжымайтын мүлікті іріктеу порталы арқылы жылжымайтын мүліктің тиімді, қарапайым әрі кәсіпқой делдалдығы

Шығыс деректер

1.Баспа кітап ретіндегі шығарылым | ақпан 2017 ж.
(Бастапқы нұсқасы неміс тілінде жарияланған, желтоқсан 2016 ж.)

Маттиас Фидлер
Erika-von-Brockdorff-Str. 19
41352 Korschenbroich
Германия
www.matthiasfiedler.net

Өндіруші мен басып шығарушы:
Соңғы бетте басылған

Мұқаба дизайны: Маттиас Фидлер
Эл. кітапты жасап шығарған: Маттиас Фидлер

ISBN-13 (жұмсақ мұқабадағы кітап): 978-3-947184-80-4
ISBN-13 (E-Book mobi): 978-3-947128-94-5
ISBN-13 (E-Book epub): 978-3-947128-95-2

Германияның ұлттық кітапханасынан библиографиялық
мәліметтер: Германияның ұлттық кітапханасы осы
жарияланымды Германияның ұлттық библиографиясына
тіркейді; егжей-тегжейлі библиографиялық мәліметтер
интернетте келесі мекенжай бойынша қолжетімді: http://dnb.d-
nb.de.

МАЗМҰНЫ

Осы кітапта жылжымайтын мүлік жөніндегі агенттің бағдарламалық жасақтамасына жылжымайтын мүлікті бағалау функциясымен бірге кіріктірілген ғаламдық инновациялық жылжымайтын мүлікті іріктеу порталы (қолданба) үшін революциялық тұжырымдама елеулі айналым әлеуетінің (миллиард еуро) есебімен түсіндірілген (триллион еуро айналым әлеуеті).

Осылайша не пайдаланылған, не жалға берілген тұрмыстық және саудалық жылжымайтын мүлік бойынша тиімді түрде әрі уақытты үнемдеп делдалдық етуге болады. Бұл –барлық жылжымайтын мүлік жөніндегі агенттер мен жылжымайтын мүлікті сатып алушыларға арналған жылжымайтын мүлік бойынша инновациялық және кәсіпқой түрде делдалдық етудің келешегі. Жылжымайтын мүлік іріктемесі түгелге жуық елдерде және тіпті әртүрлі елдер үшін ортақ қызмет етеді.

Сатып алушыға немесе жалгерге жылжымайтын мүлікті «табыстаудың» орнына, жылжымайтын мүлікті іріктеу порталында жылжымайтын мүлікті сатып алушылар анықталып (іздеу профилі), жылжымайтын мүлік жөніндегі агенттің делдалдық етілетін жылжымайтын мүлігімен байланыстырылады.

МАЗМҰНЫ

КІРІСПЕ

2011 жылы мен жылжымайтын мүліктің инновациялық іріктемесі жөніндегі мұнда сипатталған идеяны мұқият ойластырып жетілдірдім.

1998 жылдан бастап мен жылжымайтын мүлік саласында (соның ішінде жылжымайтын мүлікті табыстау, сатып алу және сату, бағалау, жалға беру және жерді өңдеу) белсенді түрде қызмет атқардым. Сонымен қатар, мен жылжымайтын мүлік саласындағы сарапшы (IHK), жылжымайтын мүлік саласындағы дипломды экономист (ADI) және жылжымайтын мүлікті бағалау жөніндегі сарапшы (DEKRA), сондай-ақ, Жылжымайтын мүлік саласындағы куәландырылған мамандардың корольдік қоғамдастығы (MRICS) атты әлем бойынша

танымал   жылжымайтын   мүлік
қауымдастығының мүшесі болып келемін.

Маттиас Фидлер

Коршенброх, 31.10.2016

www.matthiasfiedler.net

1. Жылжымайтын мүліктің инновациялық іріктемесі жөніндегі идея: жылжымайтын мүлік делдалдығы жеңілдетілді

Жылжымайтын мүлік іріктемесі: Инновациялық жылжымайтын мүлікті іріктеу порталы арқылы жылжымайтын мүліктің тиімді, қарапайым әрі кәсіпқой делдалдығы

Сатып алушыға немесе жалгерге жылжымайтын мүлікті «табыстаудың» орнына, жылжымайтын мүлікті іріктеу порталында (қолданба) жылжымайтын мүлікті сатып алушылар анықталып (іздеу профилі), жылжымайтын мүлік жөніндегі агенттің делдалдық етілетін жылжымайтын мүлігімен байланыстырылады.

2. Жылжымайтын мүлікті сатып алушылар мен жылжымайтын мүлікті ұсынушылардың мақсаттары

Жылжымайтын мүлікті сатушы мен жалға беруші үшін жылжымайтын мүлігін жылдам әрі мүмкіндігінше ең жоғары бағамен сату немесе жалға беру маңызды болып табылады. Жылжымайтын мүлікті сатып алушы мен жалға алушы үшін жылжымайтын мүлікті өз талаптарына сай тауып алу және жылдам әрі еш қиындықсыз сатып алу немесе жалға алу маңызды болып табылады.

3.   Жылжымайтын мүлікті іздеудің бұрынғы тәсілі

Әдетте мүдделі тұлға қалаулы өңірдегі жылжымайтын мүлікті интернет арқылы ірі жылжымайтын мүлік порталдарында іздеп отырады. Мұндай жерлерде қысқа іздеу профилі жасалған жағдайда, сізге жылжымайтын мүлік немесе жылжымайтын мүлікке сілтемелердің тізімі электрондық пошта арқылы жіберіледі. Көбінесе бұл 2-3 жылжымайтын мүлік порталында жүзеге асырылады. Нәтижесінде ұсынушымен әдетте электрондық пошта арқылы байланысады. Осылайша ұсынушы мүдделі тұлғамен байланысқа тұруға мүмкіндікке және рұқсатқа ие болады.

Оған қоса, қалаулы өңірдегі жылжымайтын мүлік жөніндегі агент мүдделі тұлғамен байланысып, сәйкесінше іздеу профилі жасалады.

Жылжымайтын мүлік порталдарындағы ұсынушы жеке және саудалық ұсынушы болып келеді. Саудалық ұсынушылар көбінесе жылжымайтын мүлік жөніндегі агенттер және жарым-жартылай құрылыс кәсіпорындары, жылжымайтын мүлік сатушылары және басқа да жылжымайтын мүлік серіктестіктері болып табылады (аталмыш мәтінде саудалық ұсынушылар жылжымайтын мүлік жөніндегі агенттер деп аталған).

4. Жеке ұсынушының кемшілігі / жылжымайтын мүлік жөніндегі агенттің артықшылығы

Жылжымайтын мүлік сатылған жағдайда, жеке сатушыларға кейде лезде сатуға кепіл берілмейді, себебі, мысалы, мұрагерлік жағдайында мұрагерлер арасында келісім болмауы немесе мұрагерлік туралы куәлік жетіспеуі мүмкін. Оған қоса, айқындалмаған заңды мәселелер, соның ішінде тұрғын құқығы сатып алуды қиындатуы мүмкін.

Жылжымайтын мүлік жалға берілген жағдайда, мысалы, саудалық жылжымайтын мүлік (кеңдік) тұрғын үй ретінде жалға берілуі тиіс болғанда жеке жалға беруші ресми мақұлдау алмаған болуы ықтимал.

Жылжымайтын мүлік жөніндегі агент ұсынушы ретінде әрекет еткен кезде, ол әдетте жоғарыда аталған аспектілерді айқындайды. Оған қоса, жылжымайтын мүлікке қатысты барлық тиісті құжаттар (ғимарат жоспары, орналасу схемасы, энергетикалық төлқұжат, жер кадастры, ресми құжаттар және т.б.) әдетте алдын ала қолжетімді болады. –Осылайша сату немесе жалға беру жылдам әрі еш қиындықсыз жүзеге асуы мүмкін.

5. Жылжымайтын мүлік іріктемесі

Мүдделі тұлғалар мен сатушылар не жалға берушілер арасындағы іріктемеге жылдам әрі тиімді түрде қол жеткізу үшін, жүйелі және кәсіпқой тәсілді ұсыну әрдайым маңызды болып табылады.

Бұл жылжымайтын мүлік жөніндегі агенттер мен мүдделі тұлғалар арасында іздеу және табу бойынша өзге тәсіл немесе процедура арқылы жүзеге асырылады. Яғни сатып алушыға немесе жалгерге жылжымайтын мүлікті «табыстаудың» орнына, жылжымайтын мүлікті іріктеу порталында (қолданба) жылжымайтын мүлікті сатып алушылар анықталып (іздеу профилі), жылжымайтын мүлік жөніндегі агенттің делдалдық етілетін жылжымайтын мүлігімен байланыстырылады.

Бірінші қадамда мүдделі тұлғалар жылжымайтын мүлікті іріктеу порталында белгілі бір іздеу профилін жасайды. Осы іздеу профилі шамамен 20 сипатты қамтиды. Соның ішінде төмендегі сипаттар (толық тізім емес) іздеу профилі үшін басты болып табылады.

- Өңір / пошта индексі / елді мекен
- Нысан түрі
- Жер телімінің көлемі
- Тұрғын жер
- Сатып алу/жалға алу бағасы
- Құрастырылған жылы
- Қабат
- Бөлмелер саны
- Жалға беріледі (иә/жоқ)
- Төле (иә/жоқ)
- Балкон/терраса (иә/жоқ)
- Жылыту түрі
- Тұрақ орны (иә/жоқ)

Мұндай жағдайда сипаттарды еркін енгізу емес, ал тиісті сипат өрісін (мысалы, нысан түрі) таңдау немесе ашу арқылы алдын ала анықталған мүмкіндіктер/опциялардың (мысалы, нысан түрі үшін: пәтер, бір пәтерлі тұрғын үй, қойма, кеңсе және т.б.) тізімінен таңдау маңызды болып табылады.

Мүдделі тұлғалар қосымша іздеу профильдерін де жасай алады. Іздеу профилін өзгертуге де болады.

Оған қоса, мүдделі тұлғалар берілген өрістерге толық байланыс мәліметтерін енгізеді. Бұларға аты, тегі, көшесі, үй нөмірі, пошта индексі, елді мекені, телефоны мен эл. поштасы жатады.

Осы өзара байланыста, мүдделі тұлғалар жылжымайтын мүлік жөніндегі агенттердің тарапынан байланыс орнатуға және тиісті жылжымайтын мүлік (аңдатпаларының) жіберілуіне келісім береді.

Оған қоса, мүдделі тұлғалар жылжымайтын мүлікті іріктеу порталының операторымен байланысқа тұрады.

Келесі қадамда, іздеу профилі әлі көрінбейтін, бірақ қосылған жылжымайтын мүлік жөніндегі агенттердің, Германиядағы «ашық» бағдарламалау интерфейсімен салыстыруға келетін қолданбаны бағдарламалау интерфейсі (API –Application Programming Interface) арқылы қолжетімді болады. Осы бағдарламалау интерфейсі –белгілі бір дәрежеде іске асыру кілті –жылжымайтын мүлік жөніндегі агенттердің қолданыстағы түгелге жуық бағдарламалық жасақтамаларында қолданылуы немесе көшіруді қамтамасыз етуі тиіс. Олай болмаса, мұны техникалық тұрғыдан мүмкін ету керек.

–Жоғарыда аталған «ашық» бағдарламалау интерфейсі мен басқа да бағдарламалау интерфейстері сияқты бағдарламалау интерфейстері бұрыннан бар болғандықтан, іздеу профилінің көшірілуі мүмкін болуы керек.

Енді жылжымайтын мүлік жөніндегі агенттер делдалдық үшін қолжетімді жылжымайтын мүлігін іздеу профильдерімен салыстырады. Осы мақсатпен жылжымайтын мүлік жылжымайтын мүлікті іріктеу порталына импортталып, сәйкес сипаттар сәйкестендіріліп байланыстырылады.
Сәйкестендіру аяқталған соң, іріктеме сәйкес пайыздық көрсеткішпен бірге беріледі. – Мысалы, 50%-дық іріктемеден бастап іздеу профильдері жылжымайтын мүлік жөніндегі агенттің бағдарламалық жасақтамасында көріне бастайды.

Бөлек сипаттар бір-бірімен бағаланып (ұпайлар жүйесі), сипаттар сәйкестендірілген соң іріктеме үшін пайыздық көрсеткіш (сәйкестіліктің ықтималдылығы) пайда болады. –Мысалы, «Нысан түрі» сипаты «Тұрғын жер» сипатынан жоғарырақ бағаланады. Оған қоса, осы жылжымайтын мүлікте болуы тиіс белгілі бір сипаттарды (мысалы, төле) таңдауға болады.

Іріктеме үшін сипаттарды сәйкестендіру барысында, жылжымайтын мүлік жөніндегі агенттерге тек қана олардың қалаулы (резервке сақталған) өңірлеріне қол жеткізу мүмкіндігі берілгеніне көз жеткізу керек. Осылайша деректерді сәйкестендіруге азырақ күш салынады. Басты себептердің бірі – жылжымайтын мүлік жөніндегі сәйкес агенттер жиі белгілі бір аймаққа жатады. – Мұнда «бұлт» деп аталатын сақтау орны қазіргі таңда деректердің үлкен көлемін сақтауға және өңдеуге мүмкіндік беретінін ескерген жөн.

Жылжымайтын мүліктің кәсіпқой делдалдығына кепілдік беру үшін, тек қана жылжымайтын мүлік жөніндегі агенттер іздеу профильдеріне қатынаса алады.

Ол үшін жылжымайтын мүлік жөніндегі агенттер жылжымайтын мүлікті іріктеу порталының операторымен байланысқа тұрады.

Тиісті сәйкестендіру/іріктеуден соң, жылжымайтын мүлік жөніндегі агенттер мүдделі тұлғаларға хабарласуы және керісінше, мүдделі тұлғалар жылжымайтын мүлік жөніндегі агенттерге хабарласуы мүмкін. Мұның басқа да мағынасы – жылжымайтын мүлік жөніндегі агент мүдделі тұлғаға аңдатпа жіберген соң, сату немесе жалға беру орын алған жағдайда жұмыс туралы анықтама немесе жылжымайтын мүлік жөніндегі агенттің сыйақы алуға талабы құжаттандырылады.

Бұл жылжымайтын мүлік жөніндегі агент меншік иесінің (сатушы немесе жалға беруші) тарапынан жылжымайтын мүлік бойынша делдалдық етуге уәкіл етілуін немесе жылжымайтын мүлікті ұсынуға рұқсаты бар болуын талап етеді.

6. Қолдану салалары

Осы құжатта сипатталған жылжымайтын мүлік іріктемесін жылжымайтын тұрғын жай мен саудалық жылжымайтын мүлік секторында жылжымайтын мүлікті сатып алу және жалға алу мақсатында пайдаланылуы мүмкін. Саудалық жылжымайтын мүлік үшін қосымша жылжымайтын мүлік сипаттары сәйкесінше қажет болады.

Іс-тәжірибеде дағдылы құбылыс – жылжымайтын мүлік жөніндегі агент, мысалы, клиенттің атынан әрекет еткен жағдайда, ол мүдделі тұлғаның жағында да болуы мүмкін.

Кеңістік көзқарасы бойынша, жылжымайтын мүлікті іріктеу порталы түгелге жуық елдерге тасымалдануы мүмкін.

7. Пайдасы

Аталмыш жылжымайтын мүлік іріктемесі, мысалы, өзінің өңірінде (тұрғылықты жерінде) немесе басқа қалаға/өңірге көшетін кезде сол жерде жылжымайтын мүлік іздеп отырған мүдделі тұлғалар үшін үлкен артықшылық болуы мүмкін.

Олар өзінің іздеу профилін бір ғана рет жасап, қалаулы өңірде жұмыс істейтін жылжымайтын мүлік жөніндегі агенттерден жарамды жылжымайтын мүлік алады.

Жылжымайтын мүлік жөніндегі агенттер үшін аталмыш іріктеме мүлікті тиімді әрі уақыт үнемдеп сатуға немесе жалға беруге мүмкіндік береді.

Олар белгілі бір мүдделі тұлғалардың әлеуеті ұсынылатын жылжымайтын мүлік үшін қаншалықты жоғары екенін көрсететін жалпы шолуға дереу қол жеткізеді.

Оған қоса, жылжымайтын мүлік жөніндегі агенттер іздеу профилін жасау арқылы қалаулы жылжымайтын мүлік жөнінде анық тілектерін көрсеткен мақсатты тобымен тікелей байланысуы (соның ішінде жылжымайтын мүлік аңдатпаларын жіберуі) мүмкін.

Осылайша не іздеп жатқанын білетін мүдделі тұлғалармен байланыс орнату сапасы көтеріледі. Кейінгі іздеу күндерінің саны да азаяды. –Нәтижесінде делдалдық етілетін жылжымайтын мүлік үшін жалпы сату мерзімі қысқарады.

Делдалдық етілетін жылжымайтын мүлік қарап тексерілген соң әдеттегідей сатып алу-сату шарты немесе жалгерлік шарты жасалады.

8. Есептеу мысалы (әлеует) –тек жеке пәтерлер мен үйлер (жалға берілген пәтерлер мен үйлерден және саудалық жылжымайтын мүліктен басқа)

Төмендегі мысалда жылжымайтын мүлікті іріктеу порталының нақты әлеуеті көрсетілген.

Мёнхенгладбах қаласы секілді 250 000 тұрғынға ие экономикалық аймақта статистика бойынша дөңгелектелген 125 000 үй шаруашылығы бар (әр үй шаруашылығында 2 тұрғын). Орташа көшу үлесі 10% құрайды. Осылайша жыл сайын 12 500 үй шаруашылығы көшіп тұрады. – Мёнхенгладбахқа немесе Мёнхенгладбахтан көшу бойынша сальдо есепке алынбаған. – Олардың ішінен шамамен 10 000 үй шаруашылығы (80%) жалға берілетін жылжымайтын мүлікті, ал шамамен 2500 үй шаруашылығы (20%) сатылатын жылжымайтын мүлікті іздейді.

Мёнхенгладбах қаласының сарапшылар комитетінің жылжымайтын мүлік нарығының күйі туралы есеп беру бойынша 2012 жылы жылжымайтын мүлікті сатып алу 2 613 рет орын алды. –Бұл көрсеткіш жоғарыда аталған 2500 сатып алушылардың санын растайды. Бұл сан одан да үлкен болуы тиіс, себебі әр мүдделі тұлға өзіне лайықты жылжымайтын мүлік таба алмас. Нақты мүдделі тұлғалардың шамамен алынған саны немесе іздеу профильдерінің дәлме-дәл саны шамамен 10%, яғни 25 000 іздеу профилін құрайтын орташа көшу үлесінен екі есе артық болады. Соның ішінде, бұл мүдделі тұлғалар жылжымайтын мүлікті іріктеу порталында бірнеше іздеу профилін жасайтынын білдіреді.

Тәжірибеге сай, барлық мүдделі тұлғалардың (сатып алушылар мен жалға алушылар) жартысына жуық, яғни жалпы 6250 үй шаруашылығы жылжымайтын мүлікті агенттің көмегімен табатынын атап өткен жөн.

Алайда, дәл сол тәжірибеге сай, барлық үй шаруашылықтарының кем дегенде 70%, яғни жалпы 8750 үй шаруашылығы (17 500 іздеу профиліне тең) жылжымайтын мүлікті іріктеу порталдарын интернеттен іздеген.

Мёнхенгладбах секілді қалада барлық мүдделі тұлғалардың 30%, яғни 3750 үй шаруашылығы (7500 іздеу профиліне тең) іздеу профильдерін жылжымайтын мүлікті іріктеу порталында (қолданба) жасап қойған жағдайда, порталға қосылған жылжымайтын мүлік жөніндегі агенттер жыл сайын 1500 нақты іздеу профилі (20%) арқылы мүдделі сатып алушыларға және 6000 нақты іздеу профилі (80%) арқылы мүдделі жалға алушыларға оларға лайықты жылжымайтын мүлікті ұсына алатын еді.

Бұл мүдделі тұлғалар жасаған әр іздеу профилі бойынша 10 айлық орташа іздеу мерзімімен және 50 еуроға тең үлгілі бағамен 7500 іздеу профилі үшін 250 000 адам тұратын қалада 3 750 000 еуро құрайтын айналым әлеуетінің бар екендігін білдіреді.

Шамамен 80 000 000 (80 млн.) адам тұратын Германия Федеративтік Республикасы бойынша шамамен алғандағы есеп нәтижесінде жыл сайын 1 200 000 000 еуро (1,2 млрд. еуро) құрайтын айналым әлеуеті пайда болады. –Мысалы, барлық мүдделі тұлғалардың 30 пайызының орнына 40 пайызы жылжымайтын мүлікті іріктеу порталы арқылы іздесе, айналым әлеуеті жыл сайын 1 600 000 000 еуро (1,6 млрд. еуро) шамасына дейін көтеріледі.

Осы айналым әлеуеті тек қана жеке пәтерлер мен үйлерге жатады. Жылжымайтын тұрғын жай секторындағы және бүкіл саудалық жылжымайтын мүлік секторындағы жалға берілетін немесе пәтер бойынша жалға берілетін жылжымайтын мүлік осы әлеует есебіне қосылмаған.

Германиядағы жылжымайтын мүлік делдалдығы саласында қызмет көрсететін, шамамен 200 000 қызметкерге ие шамамен 50 000 кәсіпорын (соның ішінде қатысушы құрылыс компаниялары, жылжымайтын мүлік саудагерлері және жылжымайтын мүлік жөніндегі басқа да кәсіпорындар) және осы 50 000 кәсіпорынның ішінде осы жылжымайтын мүлікті іріктеу порталын орта есеппен 2 лицензиямен пайдаланатын 20% үлгілі үлес болған жағдайда, үлгілі баға әр лицензия үшін ай сайын 300 еуро құрағанда айналым әлеуеті жыл сайын 72 000 000 еуро

(72 млн. еуро) құрайтын болады. Оған қоса, сол жердегі құрылымға сай қосымша елеулі айналым әлеуетінің құрылуы мүмкін болу үшін, жергілікті іздеу профильдері үшін аймақтық резервке сақтау орындалуы тиіс.

Жылжымайтын мүлік жөніндегі агенттер анық іздеу профильдеріне ие мүдделі тұлғалардың осындай ірі әлеуетінің арқасында өзінің жеке мүдделі тұлғалар дерекқорын –бар болған жағдайда –бұдан былай жаңартуды қажет етпейді. Басты себептердің бірі –ағымдағы іздеу профильдерінің саны көптеген жылжымайтын мүлік жөніндегі агенттер өз дерекқорларында жасаған іздеу профильдерінің санынан артық болуы әбден мүмкін.

Аталмыш инновациялық жылжымайтын мүлікті іріктеу порталы бірнеше елде пайдаланылатын болса, мысалы,

31

Германиядағы мүдделі сатып алушылар Мальорка жерорта теңіздік аралындағы (Испания) демалыс үйлері үшін іздеу профилін жасай алады және Мальоркада қосылған жылжымайтын мүлік жөніндегі агенттер лайықты үйлерді неміс мүдделі тұлғаларына электрондық пошта арқылы ұсына алады. –Жіберілетін аңдатпалар испан тілінде жазылған болса да, қазіргі таңда мүдделі тұлғалар аударма бағдарламаларының көмегімен мұндай мәтінді қысқа арада неміс тіліне аудара алады.

Іздеу профильдерін және делдалдық етілетін жылжымайтын мүлікті әртүрлі тілдердің шеңберінен тыс сәйкестендіру үшін, жылжымайтын мүлікті іріктеу порталында тиісті сипаттарды бағдарламаланған (математикалық) сипаттардың негізінде –тілден тәуелсіз –сәйкестендіруге болады және сонан соң сәйкес тіл тағайындалады.

Жылжымайтын мүлікті іріктеу порталы барлық континенттерде қолданылғанда, жоғарыда аталған айналым әлеуеті (тек іздеушілер) өте қарапайым есеп арқылы төмендегідей көрсетіледі.

Әлемдегі халықтың саны:

7 500 000 000 (7,5 млрд.) адам

1. Дамыған елдердегі және қатты дамыған елдердегі халықтың саны:

2 000 000 000 (2,0 млрд.) адам

2. Орташа дамыған елдердегі халықтың саны:

4 000 000 000 (4,0 млрд.) адам

3. Дамушы елдердегі халықтың саны:

1 500 000 000 (1,5 млрд.) адам

80 млн. адам тұратын Германия Федеративтік Республикасының 1,2 млрд. еуро құрайтын жылдық айналым әлеуеті дамыған, орташа дамыған және дамушы елдерге келесі факторлар арқылы түрлендіріледі.

1. Дамыған елдер: 1,0

2. Орташа дамыған елдер: 0,4

3. Дамушы елдер: 0,1

Нәтижесінде келесідей жылдық айналым әлеуеті пайда болады (1,2 млрд. еуро x халықтың саны (дамыған, орташа дамыған немесе дамушы елдер) / 80 млн. тұрғын x фактор).

1.Дамыған елдер: 30,00 млрд. еуро

2.Орташа дамыған елдер: 24,00 млрд. еуро

3.Дамушы елдер: 2,25 млрд. еуро

Қорытынды: **56,25 млрд. еуро**

9. Қорытынды

Аталмыш жылжымайтын мүлікті іріктеу порталы жылжымайтын мүлікті іздеушілерге (мүдделі тұлғалар) және жылжымайтын мүлік жөніндегі агенттерге маңызды артықшылықтар береді.

1. Мүдделі тұлғалар іздеу профильдерін тек қана бір рет жасағандықтан, лайықты жылжымайтын мүлікті іздеу үшін уақытты айтарлықтай азайтады.

2. Жылжымайтын мүлік жөніндегі агенттер қажеттіліктерін алдын ала белгілі еткен (іздеу профилі) мүдделі тұлғалардың саны жайында жалпы шолуға қол жеткізеді.

3. Мүдделі тұлғалар барлық жылжымайтын мүлік жөніндегі агенттер ұсынған (автоматты дерлік алдын ала таңдау) қалаулы немесе

лайықты жылжымайтын мүлікті ғана (іздеу профиліне сай) қабылдайды.

4. Ағымдағы іздеу профильдерінің өте үлкен саны тұрақты түрде қолжетімді болғандықтан, жылжымайтын мүлік жөніндегі агенттер іздеу профильдеріне арналған жеке дереккорын жүргізуге азырақ күш салады.

5. Жылжымайтын мүлікті іріктеу порталына тек саудалық ұсынушылар/жылжымайтын мүлік жөніндегі агенттер қосылғандықтан, мүдделі тұлғалар тек кәсіпқой әрі мол тәжірибелі жылжымайтын мүлік жөніндегі агенттермен істес болады.

6. Жылжымайтын мүлік жөніндегі агенттер мүлікті қарап тексеру реттерінің санын және жалпы сату процедурасының ұзақтығын азайтады. Қайта, мүдделі тұлғалардың тарапынан да мүлікті қарап тексеру реттерінің

саны және сатып алу-сату немесе жалгерлік шартын жасауға дейінгі уақыт азаяды.

7. Сатылатын және жалға берілетін жылжымайтын мүліктің иелері де уақыт үнемдейді. Оған қоса, жылдамырақ жалға беру немесе сату арқасында жылжымайтын мүлік жалға берілген жағдайда бос орындар саны төмендейді және жылжымайтын мүлік сатылған жағдайда сатып алу бағасы ертерек төленеді, нәтижесінде қаржылық түсім де жылдамырақ пайда болады.

Жылжымайтын мүлік іріктемесінің аталмыш идеясын жүзеге асыру немесе жеткізу арқылы жылжымайтын мүлік делдалдығында елеулі ілгерілеуге қол жеткізуге болады.

10. Жылжымайтын мүлікті іріктеу порталын жылжымайтын мүлік жөніндегі агенттің жаңа бағдарламалық жасақтамасына жылжымайтын мүлікті бағалау мүмкіндігімен бірге ендіру

Ақырғы нәтижесінде осы құжатта сипатталған жылжымайтын мүлікті іріктеу порталы жаңа, өте онды жағдайда әлем бойынша қолданылатын жылжымайтын мүлік жөніндегі агенттің бағдарламалық жасақтамасының маңызды компонентіне айналуы мүмкін және қажет. Яғни, жылжымайтын мүлік жөніндегі агенттер жылжымайтын мүлікті іріктеу порталын өзінің пайдаланылатын бағдарламалық жасақтамасына қосымша ретінде немесе өте онды жағдайда жылжымайтын мүлікті іріктеу порталын қамтитын жаңа бағдарламалық жасақтаманы пайдалануы мүмкін.

Осы тиімді әрі инновациялық жылжымайтын мүлікті іріктеу порталын жылжымайтын мүлік жөніндегі агенттің жеке бағдарламалық жасақтамасына кіріктіру арқылы нарыққа кіру үшін аса маңызды болатын іргелі айрықша ерекшелік құрылады.

Жылжымайтын мүлікті бағалау әрдайым жылжымайтын мүлік делдалдығының ажырағысыз бөлігі болғандықтан, жылжымайтын мүлік жөніндегі агенттің бағдарламалық жасақтамасына жылжымайтын мүлікті бағалау функциясы міндетті түрде ендірілуі тиіс. Сәйкес компьютерлік бағдарламалары арқылы жылжымайтын мүлікті бағалау функциясы жылжымайтын мүлік жөніндегі агент енгізген/жасаған жылжымайтын мүліктегі сәйкес деректерге/параметрлерге сілтемелер арқылы қатынаса алады. Қажет болса, жылжымайтын мүлік жөніндегі агент жетіспейтін параметрлерді өзінің аймақтық нарық сараптамасы арқылы қоса алады.

Сонымен қатар, жылжымайтын мүлік жөніндегі агенттің бағдарламалық жасақтамасы делдалдық етілетін жылжымайтын мүлікті виртуалды түрде аралап шығуға мүмкіндік беруі тиіс. Бұл мүмкіндікті қарапайым жолмен іске асыруға болады —мысалы, мобильді телефон және/немесе планшет үшін жылжымайтын мүлікті виртуалды түрде аралап шығуды қабылдаған соң оны автоматты түрде жылжымайтын мүлік жөніндегі агенттің бағдарламалық жасақтамасына ендіретін/біріктіретін қосымша қолданба әзірленеді.

Жылжымайтын мүлікті іріктеудің тиімді әрі инновациялық порталы жылжымайтын мүлік жөніндегі агенттің жаңа бағдарламалық жасақтамасына жылжымайтын мүлікті бағалау функциясымен бірге кіріктірілген соң, ықтимал айналым әлеуеті одан әрі көтеріледі.

Маттиас Фидлер

Коршенброх, 31.10.2016

Маттиас Фидлер

Erika-von-Brockdorff-Str. 19

41352 Korschenbroich

Германия

www.matthiasfiedler.net